¿DÓNDE VIVO?

EL ESTADO

Un libro de Las Raíces de Crabtree

ALICIA RODRIGUEZ
Traducción de Pablo de la Vega

CRABTREE
Publishing Company
www.crabtreebooks.com

Apoyos de la escuela a los hogares para cuidadores y maestros

Este libro ayuda a los niños en su desarrollo al permitirles practicar la lectura. Abajo están algunas preguntas guía para ayudar al lector a fortalecer sus habilidades de comprensión. En rojo hay algunas opciones de respuesta.

Antes de leer:

- ¿De qué pienso que tratará este libro?
    - *Pienso que este libro es sobre cómo se ven los estados.*
    - *Pienso que este libro es sobre lo que podemos encontrar en un estado.*
- ¿Qué quiero aprender sobre este tema?
    - *Quiero aprender qué tan grande es un estado.*
    - *Quiero aprender quién es el líder de un estado.*

Durante la lectura:

- Me pregunto por qué...
    - *Me pregunto por qué los estados tienen sus propias banderas.*
    - *Me pregunto por qué un país puede tener estados.*
- ¿Qué he aprendido hasta ahora?
    - *Aprendí que el gobernador es el líder de un estado.*
    - *Aprendí que algunos estados tienen playas.*

Después de leer:

- ¿Qué detalles aprendí de este tema?
    - *Aprendí que los estados tienen diferentes formas y tamaños.*
    - *Aprendí que los estados tienen líderes.*
- Lee el libro una vez más y busca las palabras del vocabulario.
    - *Veo la palabra **estado** en la página 3 y la palabra **banderas** en la página 10. Las demás palabras del vocabulario están en la página 14.*

Vivo en un **estado**.

Es parte de un **país**.

Estados Unidos de América

El **gobernador** es el líder.

Algunos estados tienen **playas**.

Algunos estados tienen **montañas**.

Todos los estados tienen **banderas**.

ARKANSAS

¿En qué estado vives?

Lista de palabras

Palabras de uso común

algunos
de
el
en
es
los
qué
tienen
todos
un
vives
vivo

Palabras para conocer

banderas

estado

gobernador

montañas

país

playas

31 palabras

Vivo en un **estado**.

Es parte de un **país**.

El **gobernador** es el líder.

Algunos estados tienen **playas**.

Algunos estados tienen **montañas**.

Todos los estados tienen **banderas**.

¿En qué estado vives?

CRABTREE Publishing Company

¿DÓNDE VIVO?

EL ESTADO

Written by: Alicia Rodriguez
Designed by: Rhea Wallace
Series Development: James Earley
Proofreader: Janine Deschenes
Educational Consultant:
Marie Lemke M.Ed.
Translation to Spanish:
Pablo de la Vega
Spanish-language layout and
proofread: Base Tres
Print and production coordinator:
Katherine Berti

Photographs:
Shutterstock: Alex Stiop: cover; Sean Pavone: p. 1, 12; Kevin Ruck: p. 3, 14; El Nariz: p. 7, 14; TierneyMJ: p. 8, 14; Lillac: p. 9, 14; BoxLab: p. 11, 14

Library and Archives Canada Cataloguing in Publication

Title: El estado / Alicia Rodriguez ; traducción de Pablo de la Vega.
Other titles: State. Spanish
Names: Rodriguez, Alicia (Children's author), author. | Vega, Pablo de la, translator.
Description: Series statement: ¿Dónde vivo? | Translation of: State. | "Un libro de las raíces de Crabtree". | Text in Spanish.
Identifiers: Canadiana (print) 20210252634 |
Canadiana (ebook) 20210252642 |
ISBN 9781039616967 (hardcover) |
ISBN 9781039617025 (softcover) |
ISBN 9781039617087 (HTML) |
ISBN 9781039617148 (EPUB) |
ISBN 9781039617209 (read-along ebook)
Subjects: LCSH: U.S. states—Juvenile literature.
Classification: LCC E180 .R6318 2022 | DDC j973—dc23

Library of Congress Cataloging-in-Publication Data

Names: Rodriguez, Alicia (Children's author), author. | Vega, Pablo de la, translator.
Title: El estado / Alicia Rodriguez ; traducción de Pablo de la Vega.
Other titles: State. Spanish
Description: New York, NY : Crabtree Publishing, [2022] | Series: ¿Dónde vivo? - un libro de las raíces de crabtree | Title from cover.
Identifiers: LCCN 2021030252 (print) |
LCCN 2021030253 (ebook) |
ISBN 9781039616967 (hardcover) |
ISBN 9781039617025 (paperback) |
ISBN 9781039617087 (ebook) |
ISBN 9781039617148 (epub) |
ISBN 9781039617209
Subjects: LCSH: U.S. states--Juvenile literature.
Classification: LCC E180 .R6318 2022 (print) | LCC E180 (ebook) | DDC 973--dc23

Crabtree Publishing Company

www.crabtreebooks.com 1-800-387-7650

Printed in the U.S.A./092021/CG20210616

Published in the United States
Crabtree Publishing
347 Fifth Avenue, Suite 1402-145
New York, NY, 10016

Published in Canada
Crabtree Publishing
616 Welland Ave.
St. Catharines, Ontario L2M 5V6